Uli

Weißwasser

Gedichte zur Freiheit

© Uli Weber 1982-1992

1. Auflage 1992 begrenzt auf 50 Exemplare:

Für die paar Leute, die mir etwas bedeuten

2. Auflage 2022

3. Auflage 2024

Herstellung und Verlag:

BoD - Books on Demand, Norderstedt

ISBN: 978-3-75197-971-9

Einbandgestaltung: Uli Weber 2022 + 2024

Bibliographische Information der Deutschen Nationalbibliothek:

Die Deutsche Nationalbibliothek verzeichnet diese Publikation in der Deutschen National-bibliografie; detaillierte bibliografische Daten sind im Internet über (http://dnb.d-nb.de) abrufbar.

INHALT:

TRINKGELD

Mit Freunden in der Kneipe

Bis der Morgen anbricht

Meine Zeche bezahl ich

Trinkgeld gibt es nicht

Tritt mir wer in die Hacken

Kriegt er was ins Gesicht

Außenstände werden beglichen

Trinkgeld gibt es nicht

Versuche richtig zu handeln

Aus meiner Sicht

Für Fehler bezahl ich

Trinkgeld geb ich nicht

Ist der Weg zuende

Scheiß ich aufs Jüngste Gericht

Meine Schulden hab ich bezahlt

Trinkgeld nehm ich nicht

HÜGELLAND

Flecken auf blauen flächen

vor grünem hintergrund

freie sicht bis zum abend

die felder werden schon bunt

Verwitterte katen und scheunen

sanfte hügel und seen

alte eichen auf feldern

das land zwischen den meeren ist schön

Wolken streifen die bäume

alle konturen in grau

nässe durchdringt jeden mantel

und du erkennst genau:

Dies land zeigt sich nicht offen

blendet nicht mit seiner kraft

du mußt in der stille suchen

und findest - vielleicht - leidenschaft

WIEDERSEHN

Bin an dem ort gewesen

wo ich meine kindheit verbracht

alles ist enger geworden

die zäune höher gemacht

Die alten sind härter geworden

leiser das kindergeschrei

bekannte gesichter verschwunden

ein abschnitt des lebens vorbei

ALP

Nacht ists, die menschlichkeit besoffen

und man marschiert mit festem schritt

die letzten demokraten sind erschossen

und alle andern machen grölend mit

Du meinst, das seien bilder der geschichte

das grauen einer dummen zeit

geendet vor den schranken der gerichte

du irrst: die zeit ist bald soweit

HUNDE DES KRIEGS

Es ist in den Abendnachrichten

wo ich Besatzer prügeln seh

nicht in Prag oder Warschau

in Ramstein, BRD

Für den Frieden zu kämpfen

sind sie allzeit bereit

Hamburg, My Lay, Hiroshima

wurden von ihnen befreit

Die Krauts haben HURRA geschrien

denkt an Auschwitz, Neuengamme, Dachau

werft Bomben auf Kasernen, Fabriken

und vor allem: werft sie nicht so genau

Ihr habt da etwas vergessen

was in keinem Einsatzbefehl stand:

Dort mordeten braune Schergen auch

unseren Widerstand

STADT OHNE MAUERN

- Wanderer kommst du nach sparta -

sprüche fangen so an

- gefallen für volk und freiheit -

ich glaube nicht daran

Ich meine sie sind nicht gefallen

für recht und demokratie

den lorbeerkranz des sieges

tragen die kämpfer nie

Den tragen generäle

kapitäne der industrie

sie haben zu verlieren

gewinnen können nur sie

Die menschen die hier leben

brauchen das tägliche brot

für falsche ideale

haun sie einander tot

Lernen nicht aus der geschichte

die nur von den großen erzählt

gewatet im blut der feinde

oder derer die sie gewählt

Die mit den großen worten

denken doch nur an sich

ich kämpfe nicht für sparta

sparta - das bin ich

IHR

Ihr kneift den Schwanz ein und buckelt

und sagt es sei opportun

ihr sprecht von Erfahrung im Leben:

Ihr versteht überhaupt nichts davon

Vor einigen Generationen

knapp tausend Jahre her

hat man euch angeschissen:

Man rief euch ans Gewehr

Ihr habt es nicht vergessen

wenn einer die Wahrheit schrie

holten ihn Ledermäntel:

Und jetzt spielt ihr Demokratie

Euch blieb die Angst vor Vermummung

die Angst vor der falschen Idee

denn das ist gegen die Vorschrift:

Ihr baut eine Bürokratie

... UND DANN NACH BERLIN

Sie straften mich mit zwanzig Jahren Stumpfsinn

Veränderung des Systems? - das ist nicht drin

Jetzt komme ich, sie dafür zu belohnen

Erst gehn wir nach Stammheim - und dann nach Berlin

Mich leitet nicht der Wortlaut des Gesetzes

Was einzig interessiert das ist der Sinn

Auf diesem Wege liegen keine Waffen

Erst gehn wir nach Stammheim - und dann nach Berlin

Ich liebe meine Heimat sehr, ihr Herren

Ich mag die Menschen und die Landschaft und den Wind

Seht hin, da hinten treibt man sie zum Bahnhof

Ihr seht nicht, seht nicht, seht nicht

Seht nicht, daß wir es sind

Ich sehe es an euern kalten Augen

Die Angst vor uns steckt ganz tief in euch drin

Hört auf damit, die Menschen zu belügen

Wir gehn erst nach Stammheim - und dann nach Berlin

Ich dank euch für die Gleichheit unsrer Waffen

Den Sperrholzschild und den zerbrochnen Speer

Die ihr mir sandtet hab ich weggeworfen - und doch:

Ihr weicht zurück, und ich geh vor euch her

Ihr kennt mich als Verlierer

Aber das hier ist erst der Beginn

Ihr könnt heut noch jeden schlagen

Doch zu siegen fehlt es euch an Disziplin

Wo heut einer schreit, da schreien morgen hundert

Die gehn erst nach Stammheim - und dann nach Berlin

Nach "First We Take Manhattan" von Leonard Cohen

DEUTSCHLAND 1968 - HOYERSWERDA 1991

Wir werden älter und müde

Verzweifelt sind wir bisher nie

Wir wolln seit 68 nur

Mehr Demokratie

Doch bis zur Wende im Osten

Warn wir im Westen der Feind

Die rechten Hetzer dagegen

Hams gar nicht so böse gemeint.

Heut feiern Skins täglich Kristallnacht

Man hört wieder "Ausländer 'raus!"

Die Staatsmacht, sonst gar nicht feige

Hält sich an den Vogel Strauß

Wer hört, wenn ich "Deutschland" schreie

Und damit das Land mein'

Das aus Vergangnem gelernt hat

Demokratie zu sein?

Deutschland, das ist kein Land

Man geht hier nicht übern Basar

Deutschland, das ist nur ein Volk

Mit Angst vor der fremden Gefahr

Uns reicht nicht unser Bewußtsein

Wir sind uns selbst genug

Uns reicht nicht wie unsern Nachbarn

Einfach ein Danebrog

Die Bilder in Presse und Fernsehn

Die Zeichen an der Wand

Das Neue, Vereinte, Ganze

ist scheinbar nicht mehr mein Land

TO JUTTA – WHEREVER SHE MAY BE TONIGHT

The shells of heart too many

My ways of feet passed by

For telling you "I love you"

Let's say I was too shy.

Sometimes I still remember

The dancing hall was wide

From far away I saw you

Bright shining from inside.

I hope that life's still giving

Whatever you demand

And when you ever need it

That there's a helping hand.

But if it once should happen

That we will meet again

Perdone me – I'll give you

The kiss I never gave.

Inspired from the motif of Paul Simon's
"For Emily, Whenever I May Find Her"
on a 1992 night ride from Avila to Madrid

ZEIT

Die wüste verlacht das leben

was liebt was denkt und was schreit

ist ihr in die hände gegeben

die wüste ist wie die zeit

Stunden minuten sekunden

zeit die träge verrinnt

du glaubst nicht mehr an das leben

die zeit des sterbens beginnt

25

MEIN WEG

Bin durch die wüste gefahren

zu lange zeit

habe blumen gesehen

entfernte mich zu weit

von dem garten

in der einsamkeit

Fahr weiter durch die wüste

gradaus oder im kreis

woher ich komm wohin ich fahr

ist viel mehr als ich weiß

fahr einfach immer weiter

die sonne brennt so heiß

Kann die blumen nicht mehr finden

vermisse das kühlende grün

kann die oase nicht vergessen

palmen am ufer sind schön

kann nicht so lange warten

bis im sand blumen blühn

Muß meinen weg wiederfinden

sonst komme ich nie an

wär gern in der oase gebieben

denke immer daran

während ich fahre

allein durch dürre und staub

hoffe ein rufen zu hören

doch meine ohren sind taub

fahre immer weiter

der motor übertönt

die stille und die leere

zu warten bin ich nicht gewöhnt

Hoffe die straße zu finden

die an die küste führt

hoffe im kreis zu fahren

der die oase berührt

ETWAS FREIHEIT

Und freiheit ist unteilbar

hat man dir gesagt

doch ob wir sie besitzen

hast du nie gefragt

wer ist schon frei zu handeln

so wie es ihm gefällt

der arme sagt der reiche

doch der bangt um sein geld

Der andre sagt die freiheit

gibt es im osten nicht

und doch sagt er nicht jedem

die wahrheit ins gesicht

Ein dritter sagt die freiheit

ist machen was man will

es gäbe keine zwänge

doch er verhält sich still

wenn andre demonstrieren

für freiheit und für recht

und niedergeknüppelt werden

er hält das zwar für schlecht

doch würde aufbegehren

für ihn gefährlich sein

die eigne freiheit beschränken

und darum läßt ers sein

So macht denn mit der freiheit

ein jeder was er mag

doch keiner wagt zu handeln

als wärs der letzte tag

Ich selber bin - fürcht ich - zu frieden

mit weniger freiheit als sie

die große worte gebrauchen

und fallen auf die knie

vor göttern die freiheit versprechen

doch andern nicht zugestehn

auf ihre weise zu leben

ich will etwas freiheit sehn

Und weht mir eine straße

die freiheit ins gesicht

dann denk ich an zwei hände

heut spüre ich sie nicht

wenn dann für ein paar stunden

freiheit bei mir verweilt

bin ich auch nicht ganz glücklich

ich hätte sie gerne geteilt

CALIFORNIA 1982

Walkin through San Francisco

old song in my ear

so many people around me

wish you were here

Missed the last cablecar

walked back in the rain

streets of San F rancisco remind me

somehow on Saint Germain

Goin on the freeway

south to LA

hearing all the old rocksongs

on KLOK

Mighty V6 engine

roaring in 2nd gear

up n down on the coastroad

wish you were here

AM FEUER

Wärmer angezogen

kalter wind im gesicht

kann in der kälte leben

brauche die wärme nicht

Setze mich an das feuer

das zwischen uns entfacht

spüre die wärme in mir

vergesse die kälte der nacht

Langsam erlischt die flamme

kälte kriecht wieder heran

habe angst zu erfrieren

vergeß daß ich leben kann

Blick in die gleißende leere

irre suchend umher

gewöhn mich erneut an die kälte

erinner die wärme nicht mehr

Spüre ich irgendwo wärme

gehe ich anderswo hin

hab keine angst zu verbrennen

will nicht am feuer erfriern

WEIßWASSER

Das blau deiner augen war ruhe

die das meer nach dem sturm erfüllt

mein blau trägt jetzt eine krone

von weiß wie das meer wenn es brüllt

Nordwest - sechs quadrat in den händen

die schlaufen geben kaum halt

das schothorn peitscht übers wasser

noch hab ich das brett in gewalt

Der druck vom trapez schmerzt im rücken

vor gischt krieg ich kaum noch luft

das sind die seltnen momente

wo mich deine stimme nicht ruft

Wo ich keine bilder sehe

die längst vergangenheit sind

doch bin ich dir jetzt grade ähnlich

und fliege mit dem wind

Am ufer dann fragt mich einer

was ich für ein segel fahr

bei sturm sechs quadrat - wohl verrückt, wa ?

sechsfünf dann im nächsten jahr

BLEIB EINFACH JUNG

Daß auf allen deinen Wegen

Du die Träume nicht vergißt

Daß dir andere vertrauen

Und du nie alleine bist

Und verliere nie dein Lachen

Auch wenn du ganz unten bist

Daß du jung bleibst, wenn du alt wirst

Du die Jugend nicht vergißt

Daß du stark bleibst, wenn du schwach wirst

Und das "Hätte ich" vergißt

Und beim Eingang in die Schatten

Zu dir selber ehrlich bist

- Bleib einfach jung

Nach "Forever Young" von Bob Dylan

Vom selben Autor:

17 Essays über den aktuellen Zeitgeist

In diesem Buch wird der aktuelle Zeitgeist aus dem Blickwinkel eines späten linksliberalen 68-ers in 17 Essays kritisch hinterfragt.

Denn die Betrachtungsperspektive für gesellschaftliche Veränderungen in unserem Land hat sich diametral verändert. Der aktuelle gesellschaftliche Wandel wird nämlich nicht etwa aus einer wertekonservativen gesellschaftlichen Mitte heraus kommentiert, wie wir das bei unserer sogenannten 68-er Studentenrevolution erlebt hatten, sondern vielmehr ist heute diese wertekonservative gesellschaftliche Mitte selbst, vorgeblich als „alte weiße Globalisierungsverlierer", das Ziel einer vernichtenden öffentlichen Kritik.